KUCHEN
aus der Pfanne

Élise Delprat-Alvarès

KUCHEN
aus der Pfanne

BACKEN OHNE BACKOFEN

Fotos: Delphine Amar-Constantini
Foodstyling: Anne Loiseau

Edition
Fackelträger

INHALT

Schokolade und Nüsse 8

Zarte Kuchenecken mit Zitrone und Olivenöl 10

Karamell und weiße Schokolade 12

Clafoutis mit Erdbeeren und Matcha 14

Himbeeren und Pistazien 16

Käsecreme mit Minze und Zitrone 18

Birnen und Spekulatius 20

Café und Praliné im Marmormuster 22

Milchschokolade mit Marshmallows 24

Pfirsiche und Orangenblütenwasser 26

Red Velvet mit Schwarzkirschen 28

Bananen und knusprige Körner 30

Grieß und rotes Fruchtgelee 32

Puddingcreme und Rosinen 34

Maronencreme und geröstete Nüsse 36

Eierschmarrn auf bretonische Art	38
Riesen-Cookie	40
Ananas, Rum und Kokos	42
Feigen mit Vanille	44
Dunkle Früchte mit Bergamotte und weißer Schokolade	46
Mandeln und kandierte Zitrusfrüchte	48
Müsli und Soja	50
Klassischer Pfannkuchen	52
Arme-Ritter-Röllchen mit Banane und Schokolade	54
Crumble mit Beeren und Äpfeln	56
Birnen, Bananen und Schokoladenstückchen	58
Locker-leichte Blaubeeren	60
Rhabarber und Meringen	62
Äpfel mit gesalzener Butter	64
Gewürzplätzchen für Weihnachten	66
Mandeln und rote Früchte (glutenfrei)	68
Aprikosen und Blütenhonig	70
Käse, Schinken und rote Zwiebeln	72
Grüner Spargel und Parmesan	74
Spinat, Ziegenfrischkäse und Pinienkerne	76

**WENIG ZEIT, KEIN ODER EIN DEFEKTER BACKOFEN?
EINEN KUCHEN OHNE BACKOFEN ZUZUBEREITEN
IST MÖGLICH UND DABEI GANZ EINFACH!**

Das Grundrezept für einen Kuchen aus der Pfanne habe ich in einem Schreibheft meiner Oma Pierette gefunden. Sie ist jetzt 89 Jahre jung, und sie stand nie gerne lange in der Küche. Diese Kuchen sind schnell zubereitet und backen energiesparend in der Pfanne, ohne dass dafür eine Backform gebraucht wird. Das Ergebnis ist einfach erstaunlich!

Material und Zubereitung

Die Rezepte in diesem Buch gelingen am besten in einer Pfanne aus Keramik oder Gusseisen. Ich verwende dafür gerne eine Pfanne mit Antihaftbeschichtung, da das Wenden der Kuchen dann besonders einfach geht. Außerdem ist es damit möglich, nicht zu viel Fett zu verwenden.

Damit sich die Wärme während des Backens gleichmäßig in der Pfanne verteilen kann, muss die Pfanne abgedeckt werden. Ich empfehle einen transparenten Deckel. Damit lässt sich der Garzustand des Kuchens leicht kontrollieren, ohne den Deckel abheben zu müssen. Rütteln Sie am Ende der Garzeit leicht an der Pfanne, um festzustellen, ob die Kuchenoberfläche fest und der Kuchen fertig ist.

Den Kuchen zu wenden oder nicht, ist eine Frage des Geschmacks. Ein auf beiden Seiten gebackener Kuchen wird goldbraun und knusprig sein. Wird der Kuchen nur auf einer Seite gebacken, ist er viel weicher und lockerer.

Verwenden Sie zum Wenden des Kuchens am besten eine Crêpepfanne. Mit ihrem niedrigen Rand lässt sie sich besonders gut direkt auf die Kuchenoberfläche legen. Alternativ können Sie auch einen großen flachen Teller verwenden. Nach dem Wenden den Kuchen in die Pfanne zurückgleiten lassen und fertig backen.

Lassen Sie den Kuchen nicht länger als 25 Minuten backen, er könnte dann leicht anbrennen.

Sollte der Kuchen nach dem Ende der Backzeit noch nicht fest genug sein, so lassen Sie die Pfanne abgedeckt neben dem Herd 15 Minuten ruhen.

Die Kuchen in diesem Buch können bei milder Temperatur sowohl auf einem Gas- als auch auf einem Elektroherd zubereitet werden.

SCHOKOLADE
und Nüsse

ZUBEREITUNGSZEIT : 10 MIN ★ BACKZEIT : 20 MIN ★ RUHEZEIT : 30 MIN

FÜR 4 PERSONEN

- 165 g Butter
- 2 Eier
- 250 g Zucker
- 2 Pck. Vanillezucker
- 90 g ungesüßtes Kakaopulver
- 60 g Mehl
- 50 g gemahlene Mandeln
- 70 g Nusskerne (z. B. Walnüsse)
- 50 g geraspelte dunkle Schokolade

150 g Butter in Würfel schneiden und in einem Topf oder in der Mikrowelle 1 Minute sanft erhitzen, bis sie zerlassen ist.

Eier, Zucker und Vanillezucker in einer Schüssel schaumig aufschlagen. Das Kakaopulver und die zerlassene Butter dazugeben. Das Mehl und die Mandeln unter gleichmäßigem Rühren hinzufügen. Die Nusskerne und Schokoladenraspel unterheben.

Die restliche Butter in einer Gusspfanne oder einer Pfanne mit Antihaftbeschichtung zerlassen. Den Teig in die Pfanne gießen, einen Deckel auflegen und bei niedriger Temperatur 20 Minuten backen.

Die Pfanne vom Herd nehmen und den Kuchen bei geschlossenem Deckel 30 Minuten ruhen lassen. Den Kuchen aus der Pfanne nehmen, komplett auskühlen lassen und bis zum Servieren im Kühlschrank aufbewahren.

Variationen :

Für dieses Rezept eignen sich Walnüsse, Macadamianüsse, Pistazien, Paranüsse und jede andere ungesalzene Nusssorte.

ZARTE KUCHENECKEN
mit Zitrone und Olivenöl

ZUBEREITUNGSZEIT : 10 MIN ★ BACKZEIT : 50 MIN

FÜR 4 PERSONEN

- 1 unbehandelte Zitrone
- Zesten und Saft von 1 unbehandelten Zitrone
- 4 EL Olivenöl
- 6 EL Sojamilch
- 60 g Mehl
- 125 g Naturjoghurt
- 80 g Rohzucker
- 1 TL Natron
- 15 g Butter
- 2 EL Puderzucker

Die Zitrone in einen Topf legen und mit Wasser bedecken. Das Wasser zum Kochen bringen und die Frucht 30 Minuten darin kochen lassen. Die Zitrone aus dem Wasser nehmen, etwas abkühlen lassen und in Stücke schneiden. In einer Schüssel mit Zitronensaft, Olivenöl, Sojamilch, Mehl, Joghurt, Rohzucker und Natron vermischen.

Die Butter in einer Gusspfanne oder einer Pfanne mit Antihaftbeschichtung zerlassen. Den Teig in die Pfanne gießen, einen Deckel auflegen und bei niedriger Temperatur etwa 15 Minuten backen, bis sich die Teigoberseite trocken anfühlt. Den Kuchen mithilfe einer weiteren Pfanne oder einem Teller wenden und weitere 5 Minuten backen. Die Pfanne nun nicht mehr abdecken.

Den fertigen Kuchen auf einen Teller geben und auskühlen lassen. Anschließend in Vierecke schneiden. Die Kuchenecken mit Puderzucker bestäuben und mit Zitronenzesten bestreuen.

KARAMELL
und weiße Schokolade

ZUBEREITUNGSZEIT : 10 MIN ★ BACKZEIT : 25 MIN ★ RUHEZEIT : 15 MIN

Die Karamellbonbons in Stücke schneiden und mit der Milch in einen Topf geben. Die Milch auf dem Herd bei niedriger Temperatur einige Minuten erwärmen, bis die Karamellbonbons geschmolzen sind.

50 g Butter und die Schokolade in Würfel schneiden und diese in einem Topf oder in der Mikrowelle 1 Minute sanft erwärmen, bis sie geschmolzen sind.

Die Eier mit dem Zucker in einer Schüssel schaumig aufschlagen. Mehl und Backpulver dazugeben und die Butter-Schokoladen-Mischung hineinrühren. Die Milch-Karamell-Mischung hinzufügen und gleichmäßig verrühren.

Die restliche Butter in einer Gusspfanne oder einer Pfanne mit Antihaftbeschichtung zerlassen. Den Teig in die Pfanne gießen, einen Deckel auflegen und bei niedriger Temperatur 20 Minuten backen.

Die Pfanne vom Herd nehmen und den Kuchen bei geschlossenem Deckel 15 Minuten ruhen lassen. Zum Servieren den etwas abgekühlten Kuchen mit geraspelter Schokolade bestreuen.

Gut zu wissen :

Den Kuchen ein- oder zweiseitig backen - das ist Geschmackssache. Ein beidseitig gebackener Kuchen hat rundum eine Kruste und ist sehr knusprig. Wird der Kuchen nur auf einer Seite gebacken, ist er viel weicher und zarter.

FÜR 4 PERSONEN

- 7 Karamellkaubonbons in Schokolade (z. B. Carambar®)
- 150 ml Milch
- 65 g Butter
- 200 g weiße Schokolade
- 2 Eier
- 50 g Zucker
- 140 g Mehl
- 1 Pck. Backpulver
- geraspelte weiße Schokolade zum Dekorieren

CLAFOUTIS
mit Erdbeeren und Matcha

ZUBEREITUNGSZEIT : 10 MIN ★ BACKZEIT : 25–30 MIN

Die Erdbeeren waschen und trocken tupfen. Die Blütenblätter entfernen und die Früchte halbieren. In einer Pfanne mit Antihaftbeschichtung die Butter bei niedriger Temperatur erhitzen und die Erdbeeren 10 Minuten karamellisieren.

Die Eier mit dem Zucker in einer Schüssel schaumig aufschlagen. Das Mehl hineinrühren und das Matcha-Pulver dazugeben. Die Milch unter ständigem Rühren hinzufügen und so lange weiterrühren, bis ein gleichmäßiger Teig entsteht.

Den Teig über die Erdbeeren in die Pfanne gießen, einen Deckel auflegen und bei niedriger Temperatur 15–20 Minuten backen, bis sich die Oberfläche des Clafoutis trocken anfühlt.

Das fertige Clafoutis abkühlen lassen und zum Servieren mit Puderzucker bestäuben.

FÜR 4 PERSONEN

- 300 g Erdbeeren
- 15 g Butter
- 3 Eier
- 90 g Zucker
- 90 g Mehl
- 1 TL Matcha
- 200 ml Milch
- 1 EL Puderzucker

HIMBEEREN
und Pistazien

ZUBEREITUNGSZEIT : 10 MIN ★ BACKZEIT : 25 MIN

FÜR 4 PERSONEN

- 250 g Himbeeren zzgl. einige Früchte zum Dekorieren
- 3 Eier
- 150 g Zucker
- 125 g Mehl
- ½ Pck. Backpulver
- 50 g gemahlene Mandeln
- 100 ml Milch
- 3 EL Olivenöl
- 3 EL Pistaziencreme
- 15 g Butter
- gehackte Pistazien

Die Himbeeren, nur wenn nötig, vorsichtig waschen und trocken tupfen.

Die Eier mit dem Zucker in einer Schüssel schaumig aufschlagen. In einer weiteren Schüssel Mehl, Backpulver und Mandeln vermischen. Die trockenen Zutaten in die Eier-Zucker-Mischung einrühren. Milch und Olivenöl hinzufügen und die Pistaziencreme gleichmäßig unterrühren.

Die Butter in einer Gusspfanne oder einer Pfanne mit Antihaftbeschichtung zerlassen. Den Teig in die Pfanne gießen und die Himbeeren darauf verteilen – sie werden etwa bis zur Hälfte in den Teig einsinken. Die Pfanne mit einem Deckel abdecken und den Kuchen bei niedriger Temperatur etwa 20 Minuten backen, bis sich die Oberfläche trocken anfühlt.

Den Kuchen mithilfe einer weiteren Pfanne oder einem Teller wenden und weitere 5 Minuten backen. Die Pfanne nun nicht mehr abdecken.

Den fertigen Kuchen auf einen Teller geben und abkühlen lassen. Vor dem Servieren mit den restlichen Himbeeren und gehackten Pistazien dekorieren.

Tipp :
Wenn er nicht sofort serviert wird, den Kuchen in der Pfanne abkühlen lassen und den Deckel wieder auflegen.

KÄSECREME
mit Minze und Zitrone

ZUBEREITUNGSZEIT : 10 MIN ★ BACKZEIT : 25 MIN

FÜR 4 PERSONEN

- 2 ganze Eier
- 2 Eigelbe
- 120 g Zucker
- 4 EL Pfefferminzsirup
- 250 g Ricotta
- abgeriebene Schale und Saft von 1 unbehandelten Zitrone
- 100 g Mehl
- 50 g Maisstärke
- 5 EL Milch
- 100 g fein gehacktes Zitronat
- 15 g Butter
- Minzeblätter zum Dekorieren

Die Eier trennen und die Eiweiße zu einem sehr steifen Eischnee schlagen. Die vier Eigelbe mit Zucker und Pfefferminzsirup in einer Schüssel schaumig aufschlagen.

Den Ricotta, falls nötig, abtropfen lassen und zusammen mit Zitronenschale und -saft unter die Ei-Zucker-Mischung rühren. Mehl und Maisstärke unter ständigem Rühren nach und nach hinzufügen. Die Milch dazugeben und weiterrühren, bis ein gleichmäßiger Teig entsteht. Das Zitronat untermischen.

Die Butter in einer Gusspfanne oder einer Pfanne mit Antihaftbeschichtung zerlassen. Den Teig in die Pfanne gießen, einen Deckel auflegen und bei niedriger Temperatur 20 Minuten backen, bis sich die Oberfläche trocken anfühlt. Den Kuchen mithilfe einer weiteren Pfanne oder einem Teller wenden und weitere 5 Minuten backen. Die Pfanne nun nicht mehr abdecken.

Den fertigen Kuchen auf einen Teller geben und auskühlen lassen. Vor dem Servieren mit den Minzeblättern dekorieren.

Tipp :

Es gibt auch ungesüßten Pfefferminzsirup – das spart Kalorien. Wenn keine Pfanne mit Antihaftbeschichtung vorhanden ist, so eignet sich auch eine herkömmliche Pfanne, die mit Backpapier ausgelegt wird.

BIRNEN
und Spekulatius

ZUBEREITUNGSZEIT : 10 MIN ★ BACKZEIT : 35 MIN

Die Birnen schälen, das Kerngehäuse entfernen und in Spalten schneiden. In einer Pfanne mit Antihaftbeschichtung die Butter bei niedriger Temperatur erhitzen und die Birnenspalten 10 Minuten karamellisieren. Die Spekulatiuscreme mit einem Holzkochlöffel einige Sekunden einrühren und den Herd abschalten.

Die Eier mit Zucker und Joghurt in einer Schüssel aufschlagen. Mehl, Maisstärke und Backpulver unterrühren. Die Spekulatiuskrümel hinzufügen.

Den Teig über die Birnenspalten in die Pfanne gießen, einen Deckel auflegen und bei niedriger Temperatur 20 Minuten backen, bis sich die Oberfläche trocken anfühlt. Den Kuchen mithilfe einer weiteren Pfanne oder einem Teller wenden und weitere 5 Minuten backen. Die Pfanne nun nicht mehr abdecken.

Den fertigen Kuchen auf einen Teller geben und abkühlen lassen. Vor dem Servieren mit Spekulatiuskrümeln dekorieren.

FÜR 4 PERSONEN

- 4 Birnen
- 15 g Butter
- 4 EL Spekulatiuscreme (süßer Brotaufstrich mit Spekulatius)
- 3 Eier
- 80 g Zucker
- 125 g Naturjoghurt
- 125 g Mehl
- 50 g Maisstärke
- ½ Pck. Backpulver
- 60 g Spekulatius, fein zerkrümelt zzgl. etwas zum Dekorieren

CAFÉ UND PRALINÉ
im Marmormuster

ZUBEREITUNGSZEIT : 10 MIN ★ BACKZEIT : 20 MIN

120 g Butter in Würfel schneiden und in ein Gefäß geben. In der Mikrowelle 50 Sekunden sanft erwärmen, bis die Butter geschmolzen ist.

Die Eier mit dem Zucker in einer Schüssel schaumig aufschlagen. Unter ständigem Rühren die geschmolzene Butter langsam hinzufügen sowie Mehl und Backpulver einarbeiten. Den Teig auf zwei Schüsseln aufteilen.

Die Schokolade in Stücke schneiden, in der Mikrowelle 50 Sekunden behutsam schmelzen lassen und glatt rühren.

Den Kaffeeextrakt in die eine Teighälfte einarbeiten. Die geschmolzene Schokolade in die zweite Teighälfte einrühren.

Die restliche Butter in einer Gusspfanne oder einer Pfanne mit Antihaftbeschichtung zerlassen. Die Pfanne vom Herd nehmen und 1 EL Schokoladenteig auf die Mitte des Pfannenbodens geben. Anschließend 1 EL Kaffeeteig ins Zentrum des Schokoladenteigs geben. Die untere Teigschicht wird dadurch etwas auseinanderlaufen und es entsteht ein helldunkles Ringmuster. Abwechselnd jeweils 1 EL der beiden Teigsorten nacheinander in das Zentrum der vorangegangenen Teigschicht geben, bis beide Teige aufgebraucht sind.

Die Pfanne mit einem Deckel abdecken und den Kuchen bei niedriger Temperatur etwa 20 Minuten backen, bis sich die Oberfläche trocken anfühlt.

Den fertigen Kuchen auf einen Teller geben und abkühlen lassen.

Tipp :
Den Kuchen nicht länger als 25 Minuten in der Pfanne backen. Er wird dann trocken und brennt an! Ist die Kuchenoberfläche am Ende der Backzeit noch nicht fest, die Pfanne vom Herd nehmen und den Kuchen bei geschlossenem Deckel 15 Minuten ruhen lassen.

FÜR 4 PERSONEN

- 140 g Butter
- 4 Eier
- 40 g Zucker
- 130 g Mehl
- 1 Pck. Backpulver
- 180 g Pralinéschokolade
- 1½ EL flüssiger Kaffeeextrakt

MILCHSCHOKOLADE
mit Marshmallows

ZUBEREITUNGSZEIT : 10 MIN ★ BACKZEIT : 20 MIN ★ RUHEZEIT : 15 MIN

Die Milchschokolade und 80 g Butter in Stücke schneiden und in der Mikrowelle 50 Sekunden erhitzen, bis beides geschmolzen ist.

Die Eier trennen. Die Eigelbe mit dem Zucker in einer Schüssel aufschlagen, bis die Mischung weiß wird. Die Schokoladen-Butter-Mischung einrühren. Mehl, Maisstärke und Backpulver hinzufügen und zu einem glatten Teig verrühren.

In einer separaten Schüssel die Eiweiße zu einem sehr steifen Eischnee schlagen. Den Eischnee gleichmäßig unter den Teig ziehen. Die Marshmallows dritteln und in den Teig rühren.

Die restliche Butter in einer Gusspfanne oder einer Pfanne mit Antihaftbeschichtung zerlassen. Den Teig in die Pfanne gießen, einen Deckel auflegen und bei niedriger Temperatur 20 Minuten backen.

Den Herd abschalten und die Pfanne auf dem Herd stehen lassen. Den Kuchen bei geschlossenem Deckel 15 Minuten ruhen lassen.

Den Kuchen in Vierecke schneiden und mit Puderzucker bestäuben.

FÜR 4 PERSONEN

- 150 g Milchschokolade
- 95 g Butter
- 3 Eier
- 80 g Zucker
- 130 g Mehl
- 30 g Maisstärke
- ½ Pck. Backpulver
- 12 Marshmallows in Milchschokolade
- 1 EL Puderzucker

PFIRSICHE
und Orangenblütenwasser

ZUBEREITUNGSZEIT : 10 MIN ★ BACKZEIT : 30 MIN

Die Pfirsiche schälen, den Stein entfernen und das Fruchtfleisch in Stücke schneiden. In einer Pfanne mit Antihaftbeschichtung die Butter bei niedriger Temperatur erhitzen und die Pfirsichstücke 5 Minuten karamellisieren.

Die Eier mit dem Zucker in einer Schüssel so lange aufschlagen, bis die Mischung weiß wird. Milch, Öl und Orangenblütenwasser einrühren. Mehl und Backpulver hinzufügen und zu einem glatten Teig verrühren.

Den Teig über die Pfirsichstücke in die Pfanne gießen, einen Deckel auflegen und bei niedriger Temperatur 20 Minuten backen, bis sich die Oberfläche trocken anfühlt. Den Kuchen mithilfe einer weiteren Pfanne oder einem Teller wenden und weitere 5 Minuten backen. Die Pfanne nun nicht mehr abdecken.

Den fertigen Kuchen auf einen Teller geben und auskühlen lassen.

Tipp :

Den Kuchen mit einem Silikonmesser schneiden, um die Antihaftbeschichtung der Pfanne nicht zu beschädigen!

FÜR 4 PERSONEN

- 4 gelbe Pfirsiche
- 20 g Butter
- 3 Eier
- 150 g Zucker
- 100 ml Milch
- 4 EL neutrales Pflanzenöl
- 2 EL Orangenblütenwasser
- 130 g Mehl
- 1 Pck. Backpulver

RED VELVET
mit Schwarzkirschen

ZUBEREITUNGSZEIT : 10 MIN ★ BACKZEIT : 25 MIN ★ RUHEZEIT : 10 MIN

FÜR 4 PERSONEN

- 220 g Schwarzkirschen
- 70 g Butter
- 3 Eier
- 90 g Zucker
- 110 g Mehl
- 1 Pck. Backpulver
- 125 g Schokoladenjoghurt
- 10 Tropfen rote Lebensmittelfarbe
- 8 kandierte Kirschen

FÜR DIE CRÈME CHANTILLY

- 100 g Sahne, gut gekühlt
- 15 g Puderzucker
- 4 Tropfen rote Lebensmittelfarbe

Die Kirschen waschen, trocken tupfen, Stiele entfernen und entsteinen. In einer Pfanne mit Antihaftbeschichtung 20 g Butter bei niedriger Temperatur zerlassen und die Kirschen 10 Minuten karamellisieren.

Die restliche Butter in Würfel schneiden und in der Mikrowelle 30 Sekunden sanft erwärmen, bis sie geschmolzen ist.

Die Eier mit dem Zucker in einer Schüssel schaumig aufschlagen. Mehl und Backpulver hinzufügen und mit dem Joghurt und der geschmolzenen Butter zu einem glatten Teig verrühren. Die Lebensmittelfarbe einrühren.

Den Teig über die Kirschen in die Pfanne gießen, einen Deckel auflegen und bei niedriger Temperatur 15 Minuten backen. Die Pfanne vom Herd nehmen und den Kuchen bei geschlossenem Deckel 10 Minuten ruhen lassen.

Für die Crème Chantilly die Sahne mit Puderzucker steif schlagen und die Lebensmittelfarbe hinzufügen. Den ausgekühlten Kuchen mit Sahneklecksen und kandierten Kirschen dekorieren und sofort servieren.

BANANEN
und knusprige Körner

ZUBEREITUNGSZEIT : 10 MIN ★ BACKZEIT : 25 MIN ★ RUHEZEIT : 15 MIN

FÜR 4 PERSONEN

- 3 Bananen
- 125 g Butter
- 80 g Zucker
- 3 Eier
- 30 g Honig
- 120 g Mehl
- 50 g Maisstärke
- 1 Pck. Backpulver
- 50 g gemahlene Nüsse
- 1 EL (15 g) Leinsamen
- 40 g geschälte Sonnenblumenkerne
- 10 g Mohnsamen

Die Bananen schälen, auf einen Teller legen und mit einer Gabel zerdrücken. 110 g Butter in Würfel schneiden und in der Mikrowelle 45 Sekunden sanft erwärmen, bis sie geschmolzen ist.

Den Zucker und die flüssige Butter in einer Schüssel verrühren. Die Eier nacheinander unterrühren und den Honig einarbeiten. Mehl, Maisstärke und Backpulver hinzufügen und zu einem glatten Teig verrühren. Nüsse, Bananen, Leinsamen, Sonnenblumenkerne und Mohnsamen hineinrühren.

Die restliche Butter in einer Gusspfanne oder einer Pfanne mit Antihaftbeschichtung zerlassen. Den Teig in die Pfanne gießen, einen Deckel auflegen und bei niedriger Temperatur 20 Minuten backen. Die Pfanne vom Herd nehmen und den Kuchen bei geschlossenem Deckel 15 Minuten ruhen lassen. Den Kuchen mithilfe einer weiteren Pfanne oder einem Teller wenden und weitere 5 Minuten backen. Die Pfanne nun nicht mehr abdecken.

Den fertigen Kuchen auf einen Teller geben und abkühlen lassen.

Variantion :
Die Körner durch 70 g ungesüßte Müsliflocken ersetzen.

GRIESS
und rotes Fruchtgelee

ZUBEREITUNGSZEIT : 10 MIN ★ BACKZEIT : 25 MIN

In einer Schüssel Grieß, Zucker, Milch Ei, Pflanzenöl und Zimt gleichmäßig mischen.

Die Butter in einer Gusspfanne oder einer Pfanne mit Antihaftbeschichtung zerlassen. Den Teig in die Pfanne gießen, einen Deckel auflegen und bei niedriger Temperatur 20 Minuten backen, bis sich die Oberfläche trocken anfühlt. Den Kuchen mithilfe einer weiteren Pfanne oder einem Teller wenden und weitere 5 Minuten backen. Die Pfanne nun nicht mehr abdecken.

Den fertigen Kuchen auf einen Teller geben und abkühlen lassen. Vor dem Servieren das Fruchtgelee mit einem Esslöffel auf der Kuchenoberfläche verteilen.

FÜR 4 PERSONEN

- 150 g feiner Grieß
- 70 g Zucker
- 200 ml Milch
- 1 großes Ei
- 3 EL neutrales Pflanzenöl
- 1 TL gemahlener Zimt
- 15 g Butter
- 4 EL rotes Fruchtgelee (z. B. Himbeere, Johannisbeere …)

Tipp :

Der Kuchen sollte komplett ausgekühlt sein, wenn er mit dem Fruchtgelee bestrichen wird, da sich das Gelee ansonsten verflüssigt.

PUDDINGCREME
und Rosinen

ZUBEREITUNGSZEIT : 10 MIN ★ BACKZEIT : 15 MIN

Die Rosinen in einer kleinen Schüssel mit dem Rum übergießen und einweichen lassen.

Die Milch in einem Topf bei niedriger Temperatur erwärmen. Die Eier mit dem Zucker und 1 Prise Salz in einer Schüssel schaumig aufschlagen. Unter ständigem Rühren Mehl, Maisstärke und die angewärmte Milch hinzufügen. Die Rosinen kurz abtropfen lassen und dazugeben.

Die Butter in einer Gusspfanne oder einer Pfanne mit Antihaftbeschichtung zerlassen. Den Teig in die Pfanne gießen und mit einem Holzkochlöffel so lange rühren, bis der Teig beginnt einzudicken. Den Kuchen bei niedriger Temperatur etwa 10 Minuten backen, bis sich die Oberfläche trocken anfühlt.

Den Kuchen mithilfe einer weiteren Pfanne oder einem Teller wenden und weitere 5 Minuten backen. Die Pfanne nun nicht mehr abdecken.

Den fertigen Kuchen auf einen Teller geben und abkühlen lassen. Vor dem Servieren mit Puderzucker bestäuben.

Variation :
Die Rosinen durch Pflaumen ersetzen. Diese werden jedoch nicht in Rum eingeweicht.

FÜR 4 PERSONEN

- 150 g Rosinen (alternativ Korinthen oder Sultaninen)
- 4 EL Rum
- 500 ml Vollmilch
- 3 Eier
- 120 g Zucker
- 200 g Mehl
- 50 g Maisstärke
- 20 g Butter
- 1 EL Puderzucker
- Salz

MARONENCREME
und geröstete Nüsse

ZUBEREITUNGSZEIT : 10 MIN ★ BACKZEIT : 20–25 MIN

40 g Butter in Würfel schneiden und in der Mikrowelle 30 Sekunden sanft erwärmen, bis sie geschmolzen ist.

Die Eier mit Zucker und Kondensmilch in einer Schüssel verrühren. Maronencreme und die geschmolzene Butter einrühren. Mit Mehl und Backpulver zu einem glatten Teig verarbeiten. Die Nüsse unterheben.

Die restliche Butter in einer Gusspfanne oder einer Pfanne mit Antihaftbeschichtung zerlassen. Den Teig in die Pfanne gießen, einen Deckel auflegen und bei niedriger Temperatur 15–20 Minuten backen, bis sich die Oberfläche trocken anfühlt.

Den Kuchen mithilfe einer weiteren Pfanne oder einem Teller wenden und weitere 5 Minuten backen. Die Pfanne nun nicht mehr abdecken.

Den fertigen Kuchen auf einen Teller geben und abkühlen lassen. Mit Nussstücken bestreuen und servieren. Dazu passt eine Vanillecreme.

FÜR 4 PERSONEN

- 55 g Butter
- 2 Eier
- 40 g Zucker
- 120 g gesüßte Kondensmilch
- 220 g Maronencreme
- 140 g Mehl
- ½ Pck. Backpulver
- 100 g Nüsse, geröstet und gehackt, zzgl. etwas mehr zum Dekorieren

Variation :
Die gerösteten Nüsse durch Krokant ersetzen.

EIERSCHMARRN
auf bretonische Art

ZUBEREITUNGSZEIT : 10 MIN ★ BACKZEIT : 8 MIN

Die Eier mit dem Zucker und 1 Prise Salz in einer Schüssel schaumig aufschlagen. Unter ständigem Rühren abwechselnd Mehl und Milch esslöffelweise hinzufügen. Der Teig sollte vollkommen glatt sein.

In einer Gusspfanne oder einer Pfanne mit Antihaftbeschichtung 25 g Butter zerlassen. Wenn die Butter beginnt zu bräunen, den Teig in die Pfanne gießen. Bei niedriger Temperatur etwa 1 Minute backen, bis der Teigrand anfängt, Blasen zu werfen. Den Teigrand mit einem Holzspatel zur Pfannenmitte klappen. Etwas Butter hinzufügen, den Teig zum Karamellisieren mit Zucker bestreuen und etwa 5 Minuten weiterbacken. Dabei den Teig mit dem Holzspatel immer wieder vom Pfannenboden lösen, zerreißen und weiter Butterstückchen und Zucker hinzufügen.

Den fertigen Eierschmarrn auf einen Teller geben und sofort heiß servieren.

Gut zu wissen :

Eierschmarrn ist ein Kuchen aus der Pfanne, der wie ein Rührei zubereitet wird! Er passt hervorragend zu einem Frühstück.

FÜR 4 PERSONEN

2 Eier
70 g Zucker
270 g Mehl
400 ml fettarme Milch
Salz

ZUM AUSBACKEN

50 g Butter
30 g Zucker

Im Ofen gebacken

RIESEN-COOKIE

ZUBEREITUNGSZEIT : 10 MIN ★ BACKZEIT : 20 MIN

Den Backofen auf 180 °C vorheizen.

Die Butter in Würfel schneiden und bei niedriger Temperatur in einer backofengeeigneten Pfanne zerlassen. Die Pfanne vom Herd nehmen und den Zucker mit einem Holzkochlöffel einrühren. Das Ei hinzufügen und mit Mehl und Backpulver vermischen.

Die Pekannüsse etwas zerkleinern und die Schokolade grob hacken. Beides zum Teig geben, kurz einrühren und die Teigoberfläche etwas glätten. Die Pfanne in den vorgeheizten Backofen stellen und den Riesen-Cookie 20 Minuten backen.

FÜR 4–6 PERSONEN

- 110 g Butter
- 150 g Rohzucker
- 1 Ei
- 210 g Mehl
- ½ Pck. Backpulver
- 80 g Pekannüsse
- 100 g dunkle Schokolade (70 % Kakaogehalt)

Gut zu wissen :

Der Riesen-Cookie ist eine wunderbar einfache Alternative zu einzelnen kleinen Cookies. Das Rezept dazu stammt aus den USA.

ANANAS,
Rum und Kokos

ZUBEREITUNGSZEIT : 10 MIN ★ BACKZEIT : 30 MIN

Die Butter in einer Gusspfanne oder einer Pfanne mit Antihaftbeschichtung zerlassen. Die Ananasstücke – Dosenfrüchte gut abtropfen lassen – in die Pfanne geben und bei mittlerer Temperatur 3–4 Minuten unter ständigem Rühren karamellisieren. Den Rum hinzufügen, die Pfanne vom Herd nehmen und die Ananasstücke flambieren.

In einer Schüssel Eier, Zucker, Mehl und Backpulver gut miteinander mischen. Die Kokosraspel dazugeben und mit Kokosmilch und Pflanzenöl zu einem gleichmäßigen Teig verrühren. Die Ananasstücke hinzufügen.

Die Pfanne, in der die Ananasstücke flambiert wurden, wieder erhitzen und den Teig hineingießen. Es ist keine weitere Butter notwendig. Die Pfanne mit einem Deckel abdecken und den Kuchen bei niedriger Temperatur etwa 20 Minuten backen.

Die Kokosraspel zum Dekorieren in einer trockenen Pfanne kurz anrösten und beiseitestellen.

Sobald sich die Oberfläche trocken anfühlt, den Kuchen mithilfe einer weiteren Pfanne oder einem Teller wenden und 5 Minuten weiterbacken. Die Pfanne nun nicht mehr abdecken.

Den fertigen Kuchen auf einen Teller geben, mit den Kokosraspel bestreuen und servieren.

FÜR 4 PERSONEN

- 20 g Butter
- 350 g Ananasstücke
- 3 EL weißer Rum
- 3 Eier
- 130 g Zucker
- 150 g Mehl
- 1 Pck. Backpulver
- 50 g Kokosraspel
- 100 ml Kokosmilch
- 3 EL neutrales Pflanzenöl
- einige Kokosraspel oder -stückchen zum Dekorieren

FEIGEN
mit Vanille

ZUBEREITUNGSZEIT : 10 MIN ★ BACKZEIT : 30 MIN

Die Milch in einen kleinen Topf gießen. Die Vanilleschoten der Länge nach aufschneiden, das Mark herauskratzen und mit den Schoten zusammen zur Milch geben. Die Milch leicht erwärmen und mit der Vanille einige Minuten aromatisieren lassen. Die Vanilleschoten entfernen.

Die Feigen waschen, trocken tupfen und halbieren. 20 g Butter in einer Gusspfanne oder einer Pfanne mit Antihaftbeschichtung zerlassen und die Feigen darin 10 Minuten karamellisieren.

Die restliche Butter in Würfel schneiden und in der Mikrowelle 45 Sekunden sanft erwärmen, bis sie geschmolzen ist.

Die Eier mit dem Zucker in einer Schüssel schaumig aufschlagen. Mehl und Backpulver einrühren und die flüssige Butter einarbeiten. Die Vanillemilch unter sanftem Rühren hinzugeben.

Den Teig über die Feigen in die Pfanne gießen, einen Deckel auflegen und bei niedriger Temperatur 20 Minuten backen.

FÜR 4 PERSONEN

180 ml Milch
2 Vanilleschoten
10 dunkle Feigen
90 g Butter
2 Eier
100 g Zucker
150 g Mehl
1 Pck. Backpulver

DUNKLE FRÜCHTE
mit Bergamotte und weißer Schokolade

ZUBEREITUNGSZEIT : 10 MIN ★ BACKZEIT : 30 MIN ★ RUHEZEIT : 15 MIN

FÜR 4 PERSONEN

- 85 g Butter
- 3 Eier
- 130 g Zucker
- abgeriebene Schale und Saft von 2 unbehandelten Bergamotten (alternativ Limetten)
- 140 g Mehl
- 1 Pck. Backpulver
- 4 EL Sahne
- 250 g dunkle Früchte (Schwarze Johannisbeeren, Brombeeren, Blaubeeren)

FÜR DIE GLASUR

- 100 g weiße Schokolade
- 5 EL Sahne

70 g Butter in Würfel schneiden und in der Mikrowelle 35 Sekunden sanft erwärmen, bis sie geschmolzen ist.

Die Eier mit dem Zucker in einer Schüssel schaumig aufschlagen. Bergamotteschale und -saft sowie die flüssige Butter unter Rühren hinzufügen. Mehl und Backpulver einrühren. Die Sahne dazugeben und die Früchte unterheben.

Die restliche Butter in einer Gusspfanne oder einer Pfanne mit Antihaftbeschichtung zerlassen. Den Teig in die Pfanne gießen, einen Deckel auflegen und bei niedriger Temperatur 25 Minuten backen.

Die Pfanne vom Herd nehmen und den Kuchen bei geschlossenem Deckel 15 Minuten ruhen lassen. Anschließend den Kuchen mithilfe einer weiteren Pfanne oder einem Teller wenden und weitere 5 Minuten backen. Die Pfanne nun nicht mehr abdecken.

Für die Glasur die Schokolade in Stücke schneiden und in der Mikrowelle 40 Sekunden vorsichtig zerlassen. Die Sahne nach und nach hinzufügen und glatt rühren.

Den abgekühlten Kuchen mit der Schokoladenglasur überziehen.

Gut zu wissen :

Die Bergamotte ist eine Kreuzung zwischen einer süßen Limette und einer Bitterorange.

MANDELN
und kandierte Zitrusfrüchte

ZUBEREITUNGSZEIT : 10 MIN ★ BACKZEIT : 25 MIN

Die Eier mit dem Zucker in einer Schüssel schaumig aufschlagen. Mehl, Backpulver und Mandeln einrühren. Mit Mandelmilch und Pflanzenöl unter ständigem Rühren zu einem glatten Teig verarbeiten. Zitronat und Orangeat unterheben.

Die Butter in einer Gusspfanne oder einer Pfanne mit Antihaftbeschichtung zerlassen. Den Teig in die Pfanne gießen, einen Deckel auflegen und bei niedriger Temperatur 20 Minuten backen, bis sich die Oberfläche trocken anfühlt.

Den Kuchen mithilfe einer weiteren Pfanne oder einem Teller wenden und weitere 5 Minuten backen. Die Pfanne nun nicht mehr abdecken.

Den fertigen Kuchen auf einen Teller geben und auskühlen lassen. Vor dem Servieren mit Zitronenscheiben dekorieren.

Ein kleiner Trick :

Zum Wenden des Kuchens eignet sich eine Crêpepfanne besonders gut. Durch ihren niedrigen Rand lässt sie sich direkt auf die Kuchenoberfläche legen und leicht drehen.

FÜR 4 PERSONEN

- 3 Eier
- 150 g Zucker
- 125 g Mehl
- ½ Pck. Backpulver
- 50 g gemahlene Mandeln
- 100 ml Mandelmilch
- 4 EL neutrales Pflanzenöl
- 150 g fein gehacktes Zitronat
- 150 g fein gehacktes Orangeat
- 15 g Butter
- Zitronenscheiben zum Garnieren

MÜSLI
und Soja

ZUBEREITUNGSZEIT : 10 MIN ★ BACKZEIT : 30 MIN

Die Eier mit dem Zucker in einer Schüssel aufschlagen. Mehl, Backpulver und Mandeln gründlich einrühren. Mit Sojamilch und Pflanzenöl zu einem glatten Teig verarbeiten. Das Vanillepulver hinzufügen und die Müsliflocken unterheben.

Die Butter in einer Gusspfanne oder einer Pfanne mit Antihaftbeschichtung zerlassen. Den Teig in die Pfanne gießen, einen Deckel auflegen und bei niedriger Temperatur 25 Minuten backen, bis sich die Oberfläche trocken anfühlt. Den Kuchen mithilfe einer weiteren Pfanne oder einem Teller wenden und weitere 5 Minuten backen. Die Pfanne nun nicht mehr abdecken.

Den fertigen Kuchen auf einem Teller auskühlen lassen.

Variation :
Das Pflanzenöl durch Mandelmus ersetzen.

FÜR 4 PERSONEN

- 4 Eier
- 130 g Zucker
- 130 g Mehl
- 1 Pck. Backpulver
- 60 g gemahlene Mandeln
- 150 ml Sojamilch
- 2 EL neutrales Pflanzenöl
- 1 TL Vanillepulver
- 160 g Müsliflocken mit Nüssen und Schokolade
- 15 g Butter

KLASSISCHER
Pfannkuchen

ZUBEREITUNGSZEIT : 10 MIN ★ BACKZEIT : 15 MIN

Den Backofen auf 220 °C vorheizen.

Die Eier mit Zucker und Vanillepulver in einer Schüssel schaumig aufschlagen. Das Mehl nach und nach unter ständigem Rühren einrieseln lassen und das Backpulver hinzufügen. Mit der Milch zu einem glatten Teig verrühren.

Die Butter in einer backofengeeigneten Pfanne zerlassen. Den Teig in die Pfanne gießen und im vorgeheizten Backofen 15 Minuten backen, bis der Teigrand locker aufgegangen ist.

Die Pfanne aus dem Backofen nehmen und den Kuchen auf einem Teller abkühlen lassen. Vor dem Servieren mit Vanillezucker bestreuen.

FÜR 4 PERSONEN

- 4 kleine Eier
- 30 g Zucker
- 1 TL Vanillepulver
- 125 g Mehl
- 1 TL Backpulver
- 250 ml Milch
- 40 g Butter
- 1 Pck. Vanillezucker

Ein kleiner Trick :

Dieser Kuchen lässt sich sehr vielseitig kombinieren, beispielsweise mit Schokoladen- oder Karamellsauce, Ahornsirup oder frischen Obstscheiben …

ARME-RITTER-RÖLLCHEN
mit Banane und Schokolade

ZUBEREITUNGSZEIT : 10 MIN ★ BACKZEIT : 5 MIN

Die Toastbrotscheiben entrinden und mit einem Nudelholz flach ausrollen. Die Bananen schälen und in dünne Scheiben schneiden.

Alle Brotscheiben mit Schokoladenaufstrich bestreichen und mit Bananenscheiben belegen. Jede Toastbrotscheibe möglichst eng aufrollen und quer halbieren.

Die Butter in einer Gusspfanne oder einer Pfanne mit Antihaftbeschichtung zerlassen.

Die Eier mit Milch und Vanillezucker in einer Schüssel verrühren. Die gefüllten Brotröllchen nacheinander in die Eiermilch tauchen, in die Pfanne legen und bei niedriger Temperatur 5 Minuten goldbraun braten. Dabei immer wieder wenden.

Die fertigen Arme-Ritter-Röllchen mit Zucker bestreuen und sofort servieren.

Ein kleiner Trick :
Die Röllchen lassen sich auch ganz schnell mit Marmelade oder Fruchtgelee garnieren.

FÜR 10 RÖLLCHEN

- 10 Scheiben Toastbrot
- 2 Bananen
- 10 TL Schokoladenaufstrich
- 30 g Butter
- 2 Eier
- 150 ml Milch
- 1 EL Vanillezucker
- 15 g Zucker

CRUMBLE
mit Beeren und Äpfeln

ZUBEREITUNGSZEIT : 10 MIN ★ BACKZEIT : 25 MIN

Die Äpfel schälen, das Kerngehäuse entfernen und das Fruchtfleisch in Stücke schneiden.

30 g Butter in einer Gusspfanne oder einer Pfanne mit Antihaftbeschichtung zerlassen. Die Apfelstückchen und die roten Früchte hinzufügen. Den Vanillezucker darüberstreuen und die Früchte 10 Minuten leicht köcheln lassen. Dabei immer wieder mit einem Holzkochlöffel umrühren.

Die restliche Butter in Würfel schneiden. Mehl, Rohzucker und Zucker dazugeben und mit den Fingerspitzen zügig zu Teigstreuseln verkneten. Müsliflocken und Krokant einarbeiten.

Die Teigstreusel in einer zweiten Pfanne mit Antihaftbeschichtung bei niedriger Temperatur 15 Minuten backen, bis sie goldbraun sind. Dabei immer wieder mit einem Holzkochlöffel wenden.

Die fertigen Streusel über den Früchten verteilen und abkühlen lassen. Mit einer Kugel Vanilleeis servieren.

FÜR 4 PERSONEN

- 700 g rote Früchte (Himbeeren, Erdbeeren, Johannisbeeren …)
- 4 Äpfel
- 150 g Butter
- 3 Pck. Vanillezucker
- 200 g Mehl
- 50 g Rohzucker
- 150 g Zucker
- 4 EL Müsliflocken
- 30 g Krokant

BIRNEN, BANANEN
und Schokoladenstückchen

ZUBEREITUNGSZEIT : 10 MIN ★ BACKZEIT : 25 MIN

Die Birnen schälen und das Kerngehäuse entfernen. Die Bananen schälen. Beide Obstsorten in sehr kleine Würfel schneiden.

Die Eier mit dem Zucker in einer Schüssel schaumig aufschlagen. Mehl und Backpulver einrühren und mit Milch und Pflanzenöl zu einem glatten Teig verarbeiten. Die Schokoladenstückchen hinzufügen und die Obstwürfel unterheben.

Die Butter in einer Gusspfanne oder einer Pfanne mit Antihaftbeschichtung zerlassen. Den Teig in die Pfanne gießen, einen Deckel auflegen und bei niedriger Temperatur 20 Minuten backen, bis sich die Oberfläche trocken anfühlt. Den Kuchen mithilfe einer weiteren Pfanne oder einem Teller wenden und weitere 5 Minuten backen. Die Pfanne nun nicht mehr abdecken.

FÜR 4 PERSONEN

- 3 kleine Birnen (Williams Christ)
- 2 Bananen
- 2 Eier
- 120 g Zucker
- 120 g Mehl
- ½ Pck. Backpulver
- 5 EL Milch
- 2 EL neutrales Pflanzenöl
- 100 g dunkle Schokoladenstückchen
- 20 g Butter

Tipp :

Ein Kuchen aus der Pfanne schmeckt frisch am allerbesten. Gut gekühlt kann er aber auch einige Tage aufbewahrt werden.

LOCKER-LEICHTE
Blaubeeren

ZUBEREITUNGSZEIT : 10 MIN ★ BACKZEIT : 20 MIN

Die Blaubeeren – falls notwendig – waschen, trocken tupfen und verlesen.

Die Eier mit dem Zucker in einer Schüssel schaumig aufschlagen. Joghurt, Pflanzenöl und Mandeln unter ständigem Rühren hinzufügen. Mit Mehl und Backpulver zu einem glatten Teig verrühren. Die Blaubeeren vorsichtig unterheben.

Die Butter in einer Gusspfanne oder einer Pfanne mit Antihaftbeschichtung zerlassen. Den Teig in die Pfanne gießen, einen Deckel auflegen und bei niedriger Temperatur 15 Minuten backen, bis sich die Oberfläche trocken anfühlt.

Den Kuchen mithilfe einer weiteren Pfanne oder einem Teller wenden und weitere 5 Minuten backen. Die Pfanne nun nicht mehr abdecken.

Den fertigen Kuchen auf einen Teller geben und abkühlen lassen.

FÜR 4 PERSONEN

- 300 g Blaubeeren
- 3 Eier
- 120 g brauner Zucker
- 150 g Naturjoghurt
- 1 EL neutrales Pflanzenöl
- 60 g gemahlene Mandeln
- 130 g Mehl
- 1 Pck. Backpulver
- 15 g Butter

Ein kleiner Trick :

Ein Glasdeckel ermöglicht einen schnellen Blick in die Pfanne, ohne ihn abzunehmen. Damit kann der Garvorgang des Kuchens jederzeit überprüft werden.

RHABARBER
und Meringen

ZUBEREITUNGSZEIT : 10 MIN ★ BACKZEIT : 35 MIN

Den Rhabarber sorgfältig schälen und in Würfel schneiden. Die Butter in einer Gusspfanne oder einer Pfanne mit Antihaftbeschichtung zerlassen. Die Rhabarberwürfel und den Vanillezucker hinzufügen und bei niedriger Temperatur 10 Minuten köcheln lassen. Dabei immer wieder mit einem Holzkochlöffel umrühren.

Die Eier mit Zucker und Mandeln in einer Schüssel verrühren. Mehl und Backpulver einrühren. Mit Milch und Pflanzenöl zu einem glatten Teig verarbeiten und das Vanillepulver hinzufügen.

Den Teig über den Rhabarber in die Pfanne gießen, einen Deckel auflegen und bei niedriger Temperatur 20 Minuten backen, bis sich die Oberfläche trocken anfühlt.

Den Kuchen mithilfe einer weiteren Pfanne oder einem Teller wenden und weitere 5 Minuten backen. Die Pfanne nun nicht mehr abdecken.

Den fertigen Kuchen auf einen Teller geben und abkühlen lassen. Die Meringen zerbröseln und den Kuchen vor dem Servieren damit dekorieren.

FÜR 4 PERSONEN

- 300 g Rhabarber
- 20 g Butter
- 2 Pck. Vanillezucker
- 2 Eier
- 130 g Zucker
- 60 g gemahlene Mandeln
- 130 g Mehl
- 1 Pck. Backpulver
- 100 ml Milch
- 2 EL neutrales Pflanzenöl
- ½ TL Vanillepulver
- 20 g Meringen (Baiser; fertig aus der Bäckerei)

ÄPFEL
mit gesalzener Butter

ZUBEREITUNGSZEIT : 10 MIN ★ BACKZEIT : 30 MIN

Die Äpfel schälen, das Kerngehäuse entfernen und das Fruchtfleisch in Spalten schneiden. Die Butter in einer Gusspfanne oder einer Pfanne mit Antihaftbeschichtung zerlassen und 1 Prise Salz hinzufügen. Die Apfelspalten darin unter regelmäßigem Rühren 10 Minuten karamellisieren.

Die Eier mit dem Zucker in einer Schüssel schaumig aufschlagen. Mehl, Backpulver und Mandeln einrühren. Mit Milch und Pflanzenöl zu einem glatten Teig verarbeiten.

Den Teig über die Äpfel in die Pfanne gießen, einen Deckel auflegen und bei niedriger Temperatur 15 Minuten backen, bis sich die Oberfläche trocken anfühlt. Den Kuchen mithilfe einer weiteren Pfanne oder einem Teller wenden und weitere 5 Minuten backen. Die Pfanne nun nicht mehr abdecken.

Den fertigen Kuchen auf einen Teller geben und abkühlen lassen.

Tipp :

Den Kuchen am Ende der Backzeit mit gesalzenem Karamell beträufeln.

FÜR 4 PERSONEN

- 4 Äpfel
- 20 g Butter
- 3 Eier
- 150 g Zucker
- 150 g Mehl
- 1 Pck. Backpulver
- 50 g gemahlene Mandeln
- 5 EL Milch
- 3 EL neutrales Pflanzenöl
- Salz

GEWÜRZPLÄTZCHEN
für Weihnachten

ZUBEREITUNGSZEIT : 10 MIN ★ KÜHLZEIT : 20 MIN ★ BACKZEIT : 5 MIN

Mehl, Backpulver, Rohzucker und die Gewürzmischung in einer Schüssel gründlich miteinander vermischen.

Die Butter in Würfel schneiden und in eine weitere Schüssel geben. Die Mehlmischung und das Ei dazugeben und mit den Fingerspitzen rasch zu einem Teig verkneten. Die Cranberrys kurz einarbeiten und den Teig zum Ruhen 20 Minuten in den Kühlschrank legen.

Eine Arbeitsfläche mit Mehl bestäuben. Den Teig darauf mit einem Nudelholz 1 cm dick ausrollen und mit einer Ausstechform Plätzchen ausstechen.

Die Plätzchen in eine Pfanne mit Antihaftbeschichtung legen und bei niedriger Temperatur 2–3 Minuten auf jeder Seite backen.

Die fertigen Plätzchen zum Auskühlen auf einen Teller legen. Mit Puderzucker und Zimt bestreuen.

FÜR 25 PLÄTZCHEN

- 250 g Mehl zzgl. etwas zum Bestäuben
- 2 TL Backpulver
- 75 g Rohzucker
- 1 TL Lebkuchengewürz
- 125 g Butter
- 1 großes Ei
- 100 g getrocknete Cranberrys
- 3 EL Puderzucker
- 1 TL gemahlener Zimt

Tipp :

Puderzucker und Zimt in einer kleinen Schüssel miteinander mischen. Die Mischung in ein feines Sieb oder Teesieb füllen und die Plätzchen damit bestreuen.

MANDELN
und rote Früchte (glutenfrei)

ZUBEREITUNGSZEIT : 10 MIN ★ BACKZEIT : 20–25 MIN

FÜR 4 PERSONEN

- 3 Eier
- 90 g Zucker
- 1 Pck. Vanillezucker
- 180 g ungesüßtes Apfelmus
- 125 g gemahlene Mandeln
- 60 g Maismehl
- 60 g Maisstärke
- 1 EL Natron
- 3 EL Mandelmilch
- 350 g rote Früchte (z. B. Himbeeren, Erdbeeren, Johannisbeeren …)
- 15 g Butter
- 1 EL Honig

Die Eier mit Zucker und Vanillezucker in einer Schüssel aufschlagen, bis die Mischung weiß wird. Nacheinander Apfelmus, Mandeln, Maismehl, Maisstärke und Natron einrühren. Mit der Mandelmilch zu einem glatten Teig verrühren. Die roten Früchte unterheben.

Die Butter in einer Gusspfanne oder einer Pfanne mit Antihaftbeschichtung zerlassen. Den Teig in die Pfanne gießen, einen Deckel auflegen und bei niedriger Temperatur 20–25 Minuten backen.

Sobald sich die Oberfläche fest anfühlt, den Kuchen mit dem Honig beträufeln

Den fertigen Kuchen auf einen Teller geben und auskühlen lassen.

Gut zu wissen :

Die Maisstärke dient als Bindemittel. Sie gleicht die fehlende Elastizität des glutenfreien Maismehls aus.

APRIKOSEN
und Blütenhonig

ZUBEREITUNGSZEIT : 10 MIN ★ BACKZEIT : 35 MIN

Die Aprikosen waschen, trocken tupfen, halbieren und den Stein entfernen. 15 g Butter in einer Gusspfanne oder einer Pfanne mit Antihaftbeschichtung zerlassen. Den Honig hinzufügen und die Aprikosenhälften darin 10 Minuten karamellisieren.

Die restliche Butter in Würfel schneiden und in der Mikrowelle 30 Sekunden sanft erwärmen, bis sie geschmolzen ist.

Die Eier trennen. Die Eigelbe mit dem Zucker in einer Schüssel aufschlagen. Mehl und Backpulver einrühren. Mit Milch und der flüssigen Butter zu einem glatten Teig verrühren. In einer separaten Schüssel die Eiweiße zu einem sehr steifen Eischnee schlagen. Den Eischnee gleichmäßig unter den Teig ziehen.

Den Teig über die Aprikosen in die Pfanne gießen, einen Deckel auflegen und bei niedriger Temperatur 20 Minuten backen, bis sich die Oberfläche trocken anfühlt. Den Kuchen mithilfe einer weiteren Pfanne oder einem Teller wenden und weitere 5 Minuten backen. Die Pfanne nun nicht mehr abdecken.

Den fertigen Kuchen auf einen Teller geben, mit Vanillezucker bestreuen und auskühlen lassen.

Ein kleiner Trick :

Werden Aprikosen aus der Dose verwendet, die Früchte gut abtropfen lassen.

FÜR 4 PERSONEN

- 250 g Aprikosen
- 65 g Butter
- 3 EL Blütenhonig
- 2 Eier
- 80 g Zucker
- 140 g Mehl
- ½ Pck. Backpulver
- 150 ml Milch
- 1 Pck. Vanillezucker

KÄSE, SCHINKEN
und rote Zwiebeln

ZUBEREITUNGSZEIT : 10 MIN ★ BACKZEIT : 30 MIN

Den Käse in Würfel und den Schinken in breite Streifen schneiden.

Die Zwiebel hacken und mit 15 g Butter in einer Gusspfanne oder einer Pfanne mit Antihaftbeschichtung 5 Minuten anbraten.

Die restliche Butter in Würfel schneiden und in der Mikrowelle 50 Sekunden sanft erwärmen, bis sie geschmolzen ist.

Die Eier in einer Schüssel verquirlen. Mehl und Backpulver einrühren. Die zerlassene Butter und den Weißwein hinzufügen und mit Pfeffer würzen. Käse und Schinken unterheben.

Den Teig über die Zwiebel in die Pfanne gießen, einen Deckel auflegen und bei niedriger Temperatur 20 Minuten backen. Den Kuchen mithilfe einer weiteren Pfanne oder einem Teller wenden und weitere 5 Minuten backen. Die Pfanne nun nicht mehr abdecken.

Den fertigen Kuchen auf einen Teller geben und leicht abkühlen lassen. Vor dem Servieren mit gehackten Nüssen bestreuen.

FÜR 4 PERSONEN

- 200 g Reblochon (alternativ anderer halbfester Schnittkäse)
- 100 g Coppa (alternativ roher Schinken oder Schinkenspeck)
- ½ rote Zwiebel
- 85 g Butter
- 3 Eier
- 130 g Mehl
- 1 Pck. Backpulver
- 100 ml trockener Weißwein
- 2 EL gehackte Nüsse
- Pfeffer

GRÜNER SPARGEL
und Parmesan

ZUBEREITUNGSZEIT : 10 MIN ★ BACKZEIT : 25 MIN ★ RUHEZEIT : 5 MIN

Den grünen Spargel im unteren Drittel schälen und die holzigen Enden abschneiden. Die Spargelstangen in leicht gesalzenem Wasser bissfest kochen.

Die Eier in einer Schüssel verquirlen. Mehl und Backpulver unter Rühren einrieseln lassen. Die Sahne und das Olivenöl einrühren. Parmesan und Spargelstangen mit einem Teigspatel vorsichtig unterheben. Mit Salz und Pfeffer würzen.

Die Butter in einer Gusspfanne oder einer Pfanne mit Antihaftbeschichtung zerlassen. Den Teig in die Pfanne gießen, einen Deckel auflegen und bei niedriger Temperatur 15 Minuten backen.

Die Pfanne vom Herd nehmen und den Kuchen bei geschlossenem Deckel 5 Minuten ruhen lassen.

Den Kuchen heiß oder leicht abgekühlt mit Parmesanraspel bestreuen und servieren.

Gut zu wissen :

Zusammen mit einem Salat wird aus einem salzigen Kuchen ein komplettes Hauptgericht.

FÜR 4 PERSONEN

- 100 g grüner Spargel
- 3 Eier
- 150 g Mehl
- ½ Pck. Backpulver
- 150 g Sahne
- 3 EL Olivenöl
- 100 g Parmesan, grob geraspelt zzgl. etwas zum Dekorieren
- 15 g Butter
- Salz und Pfeffer

SPINAT,
Ziegenfrischkäse und Pinienkerne

ZUBEREITUNGSZEIT : 10 MIN ★ BACKZEIT : 25 MIN ★ RUHEZEIT : 5 MIN

Den Spinat waschen, nicht zu stark trocknen und dicke Stiele entfernen. Die Butter in einer Gusspfanne oder einer Pfanne mit Antihaftbeschichtung zerlassen. Die Spinatblätter in die Pfanne geben, einen Deckel auflegen und einige Minuten bei niedriger Temperatur zusammenfallen lassen. Mehrmals mit einem Holzkochlöffel umrühren. Die Spinatblätter aus der Pfanne nehmen und abtropfen lassen. Die Pfanne säubern.

Eier, Ziegenfrischkäse und Olivenöl in einer Schüssel vermischen. Mit Mehl und Backpulver zu einem glatten Teig verrühren. Milch und Pinienkerne hinzufügen sowie mit Salz und Pfeffer würzen.

Den Teig in die Pfanne gießen, einen Deckel auflegen und bei niedriger Temperatur 15 Minuten backen.

Die Pfanne vom Herd nehmen und den Kuchen bei geschlossenem Deckel 5 Minuten ruhen lassen. Den Kuchen sofort servieren.

FÜR 4 PERSONEN

- 250 g Spinatblätter
- 20 g Butter
- 3 Eier
- 200 g Ziegenfrischkäse
- 3 EL Olivenöl
- 130 g Mehl
- 1 Pck. Backpulver
- 100 ml Milch
- 70 g Pinienkerne
- Salz und Pfeffer

Rezepte nach Zutaten

Ananas
Ananas, Rum und Kokos 42

Apfel
Äpfel mit gesalzener Butter 64
Crumble mit Beeren und Äpfeln 56

Apfelmus
Mandeln und rote Früchte (glutenfrei) 68

Aprikosen
Aprikosen und Blütenhonig 70

Bananen
Arme-Ritter-Röllchen mit Banane und Schokolade 54
Bananen und knusprige Körner 30
Birnen, Bananen und Schokoladenstückchen 58

Bergamotte
Dunkle Früchte mit Bergamotte und weißer Schokolade 46

Birne
Birnen, Bananen und Schokoladenstückchen 58
Birnen und Spekulatius 20

Blaubeeren
Locker-leichte Blaubeeren 60

Dunkle Früchte
Dunkle Früchte mit Bergamotte und weißer Schokolade 46

Dunkle Schokolade
Riesen-Cookie 40

Erdbeeren
Clafoutis mit Erdbeeren und Matcha 14

Feigen
Feigen mit Vanille 44

feiner Grieß
Grieß und rotes Fruchtgelee 32

getrocknete Cranberrys
Gewürzplätzchen für Weihnachten 66

Honig
Aprikosen und Blütenhonig 70
Bananen und knusprige Körner 30
Mandeln und rote Früchte (glutenfrei) 68

Himbeeren
Himbeeren und Pistazien 16

Käse
Käse, Schinken und rote Zwiebeln 72

Kandierte Kirschen
Red Velvet mit Schwarzkirschen 28

Karamell
Karamell und weiße Schokolade 12

Kokosnuss
Ananas, Rum und Kokos 42

Mandeln
Mandeln und kandierte Zitrusfrüchte 48

Maronencreme
Maronencreme und geröstete Nüsse 36

Marshmallows
Milchschokolade und Marshmallows 24

Matcha
Clafoutis mit Erdbeeren und Matcha 14

Meringe
Rhabarber und Meringen 62

Milchschokolade
Milchschokolade mit Marshmallows 24

Müsli
Crumble mit Beeren und Äpfeln 56
Müsli und Soja 50

Naturjoghurt
Birnen und Spekulatius 20
Locker-leichte Blaubeeren 60
Zarte Kuchenecken mit Zitrone
und Olivenöl 10

Nüsse
Käse, Schinken und rote Zwiebeln 72
Maronencreme und geröstete Nüsse 36
Schokolade und Nüsse 8

Orangeat
Mandeln und kandierte Zitrusfrüchte 48

Parmesan
Grüner Spargel und Parmesan 74

Pekannuss
Riesen-Cookie 40

Pfefferminzsirup
Käsecreme mit Minze und Zitrone 18

Pfirsich
Pfirsiche und Orangenblütenwasser 26

Pistazie
Himbeeren und Pistazien 16

Pralinéschokolade
Café und Praliné im Marmormuster 22

Rhabarber
Rhabarber und Meringen 62

Ricotta
Käsecreme mit Minze und Zitrone 18

Rosinen
Puddingcreme und Rosinen 34

rote Früchte
Crumble mit mit Beeren und Äpfeln 56
Grieß und rotes Fruchtgelee 32
Mandeln und rote Früchte (glutenfrei) 68

Rote Zwiebel
Käse, Schinken und rote Zwiebeln 72

Rum
Ananas, Rum und Kokos 42
Puddingcreme und Rosinen 34

Schokoladencreme
Arme-Ritter-Röllchen mit Banane
und Schokolade 54

Schokoladenjoghurt
Red Velvet mit Schwarzkirschen 28

Schokoladenraspel
Birnen, Bananen und
Schokoladenstückchen 58
Schokolade und Nüsse 8

Schwarzkirschen
Red Velvet mit Schwarzkirschen 28

Spargel
Grüner Spargel und Parmesan 74

Schinken
Käse, Schinken und rote Zwiebeln 72

Spekulatius
Birnen und Spekulatius 20

Spinat
Spinat, Ziegenfrischkäse und Pinienkerne 76

Toastbrot
Arme-Ritter-Röllchen mit Banane
und Schokolade 54

Weiße Schokolade
Dunkle Früchte mit Bergamotte und weißer
Schokolade 46
Karamell und weiße Schokolade 12

Ziegenfrischkäse
Spinat, Ziegenfrischkäse und Pinienkerne 76

Zitronat
Käsecreme mit Minze und Zitrone 18
Mandeln und kandierte Zitrusfrüchte 48

Zitrone
Käsecreme mit Minze und Zitrone 18
Mandeln und kandierte Zitrusfrüchte 48
Zarte Kuchenecken mit Zitrone
und Olivenöl 10

© 2016 der französischen Originalausgabe Éditions Larousse
Titel der französischen Originalausgabe: A poêle les gâteaux!

Verlagsleitung: Isabelle Jeuge-Maynart und Ghislaine Stora
Redaktionsleitung: Agnès Busière
Redaktion: Émilie Franc
Umschlaggestaltung: Véronique Laporte-Bouchereau
Design und Layout: Audrey Hette
Satz: Nord compo
Herstellung: Donia Faiz

Alle Rechte der Verbreitung, auch durch Film, Funk, Fernsehen, fotomechanische Wiedergabe, Tonträger aller Art, auszugsweisen Nachdruck oder Einspeicherung und Rückgewinnung in Datenverarbeitungsanlagen aller Art, sind vorbehalten.
Die Inhalte dieses Buches sind von Autorin und Verlag sorgfältig erwogen und geprüft, dennoch kann eine Garantie nicht übernommen werden. Eine Haftung von Autorin und Verlag für Personen-, Sach- und Vermögensschäden ist ausgeschlossen.

© der deutschsprachigen Ausgabe 2016
Fackelträger Verlag GmbH, Köln
Emil-Hoffmann-Straße 1
D-50996 Köln

Übersetzung aus dem Französischen: Susanne Kraus, Kolbermoor
Redaktion: Susanne Kraus, Oliver Maute, mcp concept GmbH
Satz: mcp concept GmbH, Kolbermoor
Umschlaggestaltung: mcp concept GmbH, Kolbermoor
Projektleitung: Ilka Grunenberg
Gesamtherstellung: Fackelträger Verlag GmbH, Köln

ISBN 978-3-7716-4673-8
Printed in Spain

www.fackeltraeger-verlag.de